La ciencia de los seres vivos

# ¿Qué son los anfibios?

## Bobbie Kalman y Jacqueline Langille

Crabtree Publishing Company

www.crabtreebooks.com

# Serie La ciencia de los seres vivos
## Un libro de Bobbie Kalman

### A Jan Matthews,
### colega y amigo

**Editora en jefe**
Bobbie Kalman

**Equipo de redacción**
Bobbie Kalman
Jacqueline Langille

**Editora ejecutiva**
Lynda Hale

**Editor de proyecto**
John Crossingham

**Equipo de edición**
Niki Walker
Heather Levigne
Hannelore Sotzek

**Revisora y correctora de estilo**
Kate Calder

**Diseño por computadora**
Lynda Hale
Trevor Morgan (tipos de portada)

**Coordinación de producción
e investigación fotográfica**
Hannelore Sotzek

**Agradecimiento especial a**
Michael Banelopoulos

**Consultor**
Joseph T. Collins, Director de *The Center for North American Amphibians and Reptiles* (CNAAR)

**Consultores lingüísticos**
Dr. Carlos García, M.D., Maestro bilingüe de Ciencias, Estudios Sociales y Matemáticas;
Roy R. de la Cruz, B.S., Maestro bilingüe

**Fotografías**
David M. Dennis/Tom Stack & Associates: páginas 11 (ambas), 21 (parte inferior), 23 (parte inferior), 26; Eyewire, Inc.: página 18; Bobbie Kalman: página 3; Kitchin & Hurst/Tom Stack & Associates: página 4; David Liebman: páginas 12, 14, 17 (parte inferior); Diane Majumdar: página 31; Robert McCaw: páginas 5 (parte inferior), 8; Joe McDonald/Tom Stack & Associates: página 17 (parte superior); Photo Researchers, Inc./Stephen Dalton: páginas 9, 20; Rod Planck/Tom Stack & Associates: página 10; Roger Rageot/David Liebman: páginas 16, 24, 28 (parte superior); Allen Blake Sheldon: páginas 5 (parte superior), 19, 23 (parte superior), 27, 30; Tom Stack/Tom Stack & Associates: página 22; Michael Turco: portada, página de título, páginas 13, 21 (parte superior), 28 (parte inferior), 29

**Ilustraciones**
Barbara Bedell: páginas 8, 9, 15, 20, 26, 31
Bonna Rouse: contraportada, páginas 6, 7, 22, 25

**Traducción**
Servicios de traducción al español y de composición
de textos suministrados por translations.com

## Crabtree Publishing Company
www.crabtreebooks.com      1-800-387-7650

Impreso en Canadá/052018/TT20180501

**Library of Congress Cataloging-in-Publication Data**
Kalman, Bobbie, 1947-
[What is an amphibian? Spanish]
¿Qué son los anfibios? / Bobbie Kalman y Jacqueline Langille.
p. cm. -- (La ciencia de los seres vivos)
Includes index.
ISBN-13: 978-0-7787-8761-7 (rlb)
ISBN-10: 0-7787-8761-3 (rlb)
ISBN-13: 978-0-7787-8807-2 (pb)
ISBN-10: 0-7787-8807-5 (pb)
1. Amphibians--Juvenile literature. I. Langille, Jacqueline. II. Title. III. Series.

QL644.2.K3418 2005
597.8--dc22                                              2005014872
                                                             LC

**Publicado
en Canadá**
616 Welland Ave.,
St. Catharines, Ontario
L2M 5V6

**Publicado en
los Estados Unidos**
PMB 59051
350 Fifth Avenue, 59th Floor
New York, New York 10118

**Publicado en el
Reino Unido**
Maritime House
Basin Road North, Hove
BN41 1WR

**Publicado
en Australia**
3 Charles Street
Coburg North
VIC, 3058

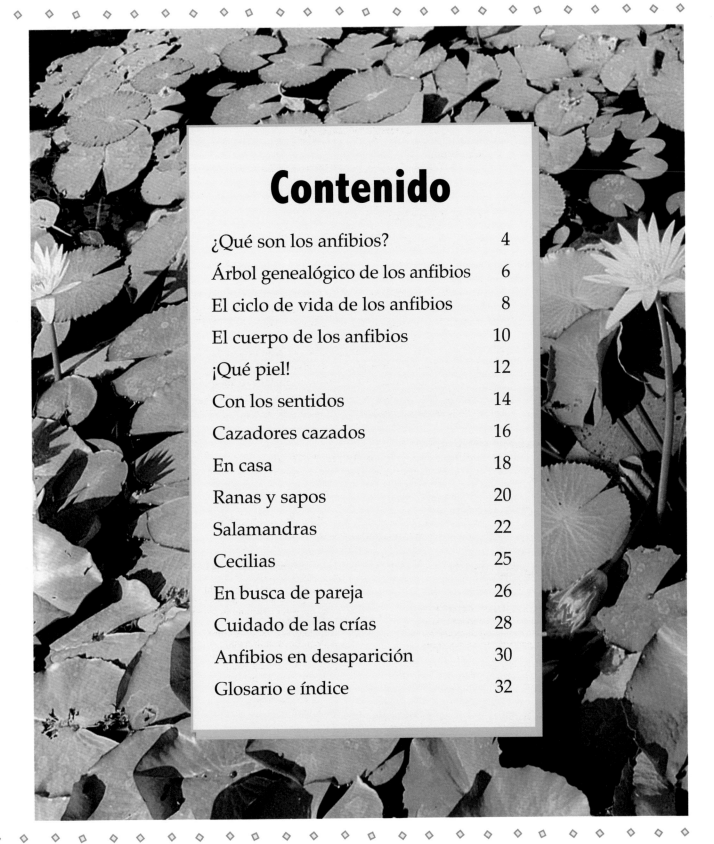

# Contenido

# ¿Qué son los anfibios?

La palabra "anfibios" viene del latín *"amphibia"*, que significa "doble vida". Los anfibios son los únicos animales que viven bajo el agua durante la primera parte de la vida pero pueden vivir en la tierra cuando son adultos. Las ranas, las salamandras y las cecilias pertenecen a este grupo. Los anfibios habitan todos los lugares del mundo, excepto en el agua salada y la antártica.

Todos son de **sangre fría**, como los reptiles y los peces. La temperatura del cuerpo de estos animales no se mantiene **constante**, es decir, no es la misma todo el tiempo. El animal tiene la misma temperatura del aire o el agua que lo rodea. Cuando un anfibio tiene frío se sienta al sol para calentarse. Cuando tiene calor, busca un lugar con sombra para refrescarse.

*La mayoría de los anfibios, como esta rana toro, viven en lugares frescos. Descansan durante el día y salen de noche.*

# Los primeros en la tierra

Muchos científicos creen que la vida en la Tierra comenzó en los océanos. Hace casi 360 millones de años, algunos tipos de peces desarrollaron pulmones para respirar aire y aletas de hueso para moverse en la tierra. Estos animales fueron los ancestros de las primeras criaturas terrestres: los anfibios.

Los anfibios **evolucionaron** luego, es decir, fueron cambiando a lo largo de mucho tiempo. El cuerpo de los adultos se adaptó bien a la vida sobre la tierra, aunque los anfibios todavía viven en el agua todo el tiempo o parte de él.

*Los anfibios, como este tritón vientre de fuego, pueden escapar de los enemigos acuáticos saliendo a tierra firme.*

*Las patas de esta rana joven han crecido lo suficiente como para permitirle caminar sobre la tierra por primera vez.*

# Árbol genealógico de los anfibios

Hay más de 4500 tipos de anfibios. Se dividen en tres **órdenes**, o grupos. Las ranas forman el orden **Anuros** y las salamandras pertenecen al orden **Caudados**. El orden **Gimnofiones** está formado por anfibios sin patas llamados cecilias.

## Gimnofiones

Las cecilias son los únicos miembros del orden Gimnofiones. Hay cerca de 160 tipos de cecilias. Parecen víboras pequeñas sin escamas. La palabra "gimnofiones" significa "serpientes desnudas".

## Anuros

La palabra "anuros" significa "sin cola". Los adultos del orden Anuros no tienen cola. Hay cerca de 4000 **especies**, o tipos, de anuros o ranas. Los sapos también forman parte de este grupo.

*(izquierda) El sapo gigante es el sapo más grande del mundo. Vive en más lugares de la Tierra que cualquier otro anfibio.*

*(abajo) Las ranas venenosas viven en los bosques tropicales.*

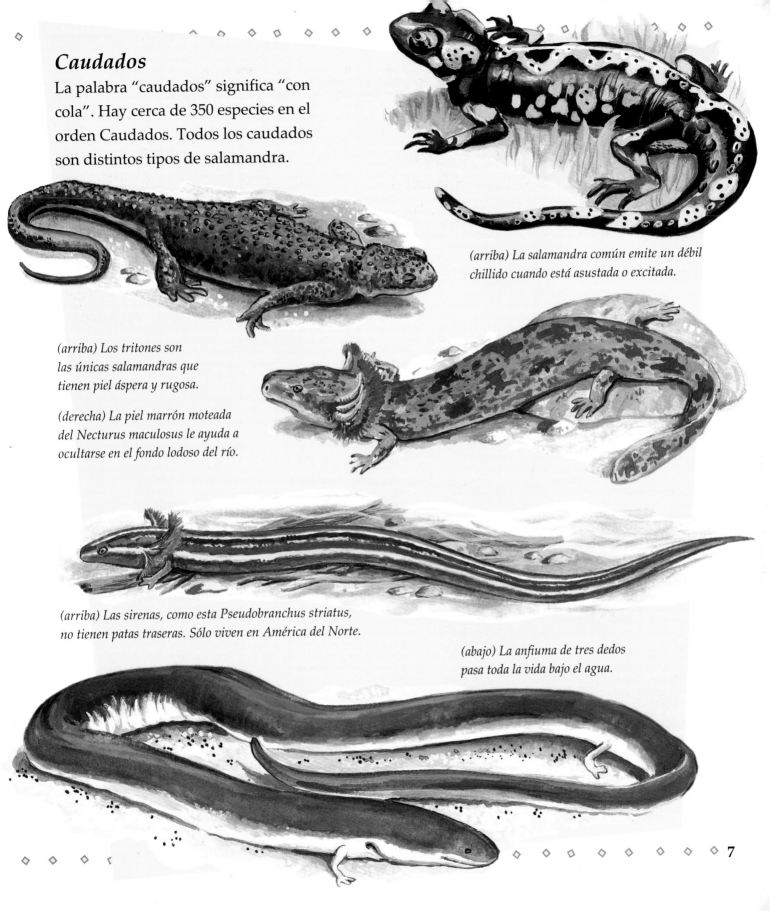

## Caudados

La palabra "caudados" significa "con cola". Hay cerca de 350 especies en el orden Caudados. Todos los caudados son distintos tipos de salamandra.

*(arriba) La salamandra común emite un débil chillido cuando está asustada o excitada.*

*(arriba) Los tritones son las únicas salamandras que tienen piel áspera y rugosa.*

*(derecha) La piel marrón moteada del Necturus maculosus le ayuda a ocultarse en el fondo lodoso del río.*

*(arriba) Las sirenas, como esta Pseudobranchus striatus, no tienen patas traseras. Sólo viven en América del Norte.*

*(abajo) La anfiuma de tres dedos pasa toda la vida bajo el agua.*

# El ciclo de vida de los anfibios

Todos los seres vivos tienen un **ciclo de vida**. En los animales, el ciclo de vida está formado por las etapas que van desde el nacimiento hasta la vida adulta. Durante el ciclo de vida todos los seres vivos crecen y cambian. El ciclo de vida de los anfibios tiene tres etapas: **huevo**, **larva** y **adulto**. Las ilustraciones de estas dos páginas muestran el ciclo de vida de una salamandra.

**1.** La primera etapa del ciclo de vida es el **huevo**, dentro del cual crece el **embrión**. Algunos embriones crecen tan rápidamente que nacen pocos días después de que el huevo haya sido puesto.

**2.** Cuando el embrión sale del huevo, se le llama **larva**. La mayoría de las larvas de los anfibios tienen un aspecto distinto del de los adultos. Tienen cola, pero no tienen patas. Respiran bajo el agua por medio de **branquias**.

(arriba) La rana toro es **renacuajo** durante dos o tres años antes de convertirse en adulto.

*A medida que crece, la larva comienza la **metamorfosis**, que es el cambio de una forma a otra. A la larva le empiezan a crecer extremidades y las branquias se encogen lentamente.*

# ¡Nunca voy a crecer!

El ajolote, que ves a la derecha, es una salamandra que nunca llega al estado adulto. Esta ausencia de cambio se llama **neotenia**. Al ajolote le falta la **hormona** que les permite a otros anfibios pasar de larvas a adultos. El ajolote, en cambio, permanece en el agua y conserva las branquias toda la vida. Los científicos han descubierto que cuando se le da la hormona que le falta, crece y se convierte en un animal parecido a la forma adulta de la salamandra *Ambystoma tigrinum*.

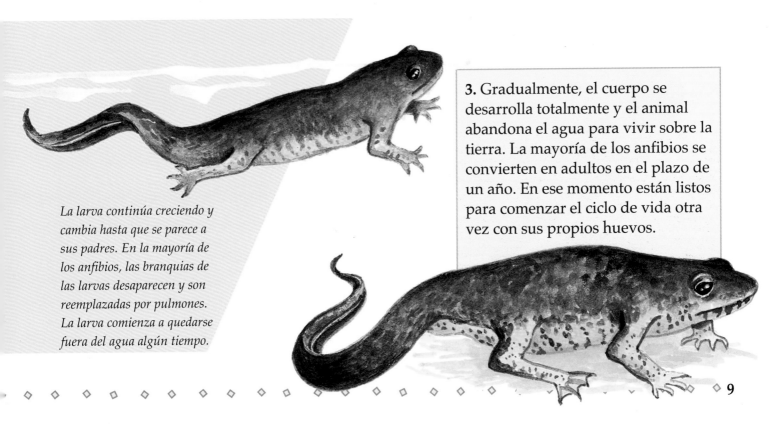

La larva continúa creciendo y cambia hasta que se parece a sus padres. En la mayoría de los anfibios, las branquias de las larvas desaparecen y son reemplazadas por pulmones. La larva comienza a quedarse fuera del agua algún tiempo.

**3.** Gradualmente, el cuerpo se desarrolla totalmente y el animal abandona el agua para vivir sobre la tierra. La mayoría de los anfibios se convierten en adultos en el plazo de un año. En ese momento están listos para comenzar el ciclo de vida otra vez con sus propios huevos.

9

# El cuerpo de los anfibios

Los anfibios pertenecen a un grupo más grande de animales llamados **vertebrados**. Los vertebrados son animales que tienen columna vertebral, como los reptiles, las aves, los mamíferos y los peces. A diferencia de otros vertebrados, la piel de los anfibios no tiene protección. No tiene pelo, plumas ni escamas.

## Ranas (anuros)

Las patas traseras de las ranas son más largas que las delanteras.

La mayoría de las ranas tienen ojos grandes y saltones en la parte superior de la cabeza. Les sirven para buscar alimento y detectar el peligro.

Las ranas tienen boca grande. En vez de masticar, tragan entera la comida.

La mayoría tiene entre los dedos **membranas**, o pliegues de piel, que son necesarios para nadar.

Tienen oídos grandes y redondos cubiertos por una delgada capa de piel llamada **tímpano**.

## Salamandras (caudados)

Las salamandras tienen cuatro dedos en las patas delanteras y cinco en las traseras. Al igual que las ranas, tienen dedos con membranas.

La piel de la mayoría de las salamandras es lisa y reluciente.

Tienen patas cortas, pero corren rápidamente y se esconden si están en peligro.

Algunas tienen la cola ligeramente aplanada. La cola de muchos tritones parece una paleta y les sirve para nadar.

## Cecilias (gimnofiones)

Los ojos de algunas cecilias adultas están protegidos por capas de hueso o de piel.

Tienen unos tentáculos cerca de las fosas nasales que les sirven para buscar alimento.

Las cecilias tienen anillos a lo largo del cuerpo que les dan aspecto de gusanos.

# ¡Qué piel!

Todos los animales necesitan **oxígeno** para sobrevivir. Muchos anfibios lo obtienen al respirar aire a través de las fosas nasales. Otros lo absorben a través de la piel. Todos los anfibios tienen piel **porosa**, es decir, que tiene muchos **poros** o agujeros diminutos. El oxígeno entra por los poros y pasa a la sangre, que lo transporta por el cuerpo del anfibio. Algunas salamandras adultas no tienen pulmones: respiran sólo a través de la piel.

*Este tritón rojo moteado está **mudando** de piel. A los anfibios no les crece la piel, sino que se les cae cuando otra capa ha crecido debajo. Muchos anfibios se comen la piel que han mudado.*

## Una capa de baba

La mayoría de los anfibios mantienen la piel sana gracias a una capa humectante llamada **mucosidad** o baba. Esta capa también los ayuda a protegerse de los **depredadores**, a quienes les cuesta agarrar un cuerpo tan resbaladizo.

## ¡No me toques!

La piel de algunos anfibios **secreta** o produce un veneno que suele tener mal olor y sabor. Si un depredador muerde a uno de estos anfibios, siente un sabor horrible en la boca y suelta al animal.

*El diseño de colores vivos de la rana venenosa les advierte a los depredadores que es venenosa y que es mejor no molestarla. Estas ranitas tienen suficiente veneno para matar varios animales grandes... ¡incluso a los seres humanos!*

# Con los sentidos

La mayoría de los anfibios tienen cinco sentidos: vista, tacto, olfato, gusto y oído. Sin embargo, las cecilias y algunas salamandras son sordas. Los anfibios usan los sentidos para buscar alimento, elegir dónde vivir y detectar a los depredadores.

## Ver para creer

Algunos anfibios dependen de la vista para cazar. Ven mejor los objetos en movimiento que los que están quietos; por lo tanto sus **presas**, es decir, los animales que cazan para alimentarse, están a salvo si no se mueven.

## ¿Qué es ese olor?

Muchas clases de anfibios viven en lugares oscuros. Cuando están bajo tierra o en aguas turbias, dependen del olfato para encontrar la presa. El olfato también les ayuda a identificar a su pareja y a encontrar un buen lugar para vivir.

*Muchos anfibios tienen párpados adicionales que les cubren y protegen los ojos cuando saltan, duermen o nadan bajo el agua.*

*Algunos anfibios no respiran a través de las fosas nasales como los seres humanos, pero sí las usan para oler.*

## A saborearse

Todos los anfibios tienen **papilas gustativas** en la lengua. Estas papilas envían mensajes al cerebro sobre el sabor. Cuando el anfibio ha capturado su presa, usa los sentidos del gusto y el olfato para averiguar si lo que atrapó es **tóxico** o dañino. Si la presa sabe bien, el anfibio la puede comer sin problemas.

## ¿Oyes lo mismo que yo?

La mayoría de los anfibios usan el oído para detectar a los depredadores que se acercan. Muchos también lo usan para encontrar pareja. Las ranas y los sapos croan o pían para atraer a la pareja.

## Líneas sensoriales

La piel de los anfibios es muy sensible. Cuando están en el agua, las **líneas laterales** perciben vibraciones y cambios en la presión del agua. Estos órganos envían mensajes al cerebro y le avisan si hay plantas u otros animales cerca.

*Los anfibios acuáticos, como este Necturus maculosus, tienen líneas laterales en los costados. Estos órganos (que aquí aparecen como puntos negros) les sirven para sentir lo que los rodea en el agua.*

*Cuando las ondas de sonido llegan al tímpano de la rana, éste vibra. El cerebro convierte las vibraciones en sonidos.*

línea lateral

# Cazadores cazados

Todos los anfibios adultos son **carnívoros**. Los carnívoros son animales que se comen a otros animales. Se comen cualquier animal al que puedan tragarse, entre ellos insectos, arañas, caracoles, babosas y lombrices. Las ranas tienen muy buen apetito. Las más grandes a veces comen ratas, ratones, aves pequeñas… ¡y hasta otras ranas!

## Un toque con la lengua

La mayoría de las ranas tienen una lengua larga y pegajosa con la que atrapan presas pequeñas. Cuando una rana ve a un insecto, saca la lengua, lo atrapa y se lo mete en la boca. Este movimiento es tan rápido que el insecto no tiene tiempo de huir.

*Las ranas, como esta rana platanera, suelen usar las patas delanteras para empujar la presa dentro de la boca.*

# Presa común

Muchos animales se alimentan de anfibios. De hecho, algunas serpientes sólo comen ranas. Muchos tipos de peces comen huevos y larvas de anfibios. Los anfibios también tienen que evitar los ataques de las aves desde el aire. A veces el veneno del anfibio mata al depredador, pero ni siquiera los anfibios con venenos potentes están a salvo todo el tiempo. Algunos animales, como las serpientes, son **inmunes** a ciertos venenos de anfibio. Los venenos no les hacen daño.

*Cuando un depredador atrapa la cola de una salamandra, la cola se desprende y la salamandra escapa, como ves aquí. La cola le vuelve a crecer después.*

# En casa

Los anfibios viven en distintos **hábitats** en todo el mundo. Un hábitat es el lugar natural en donde viven plantas y animales. Los anfibios **acuáticos** viven en ríos, lagos, lagunas, arroyos y cuevas húmedas o cerca de ellos. Los anfibios **terrestres** viven en bosques, desiertos y montañas.

La mayoría tiene un **territorio**, que es el área en donde el animal vive y busca la comida. Los anfibios conocen bien su territorio. Aprenden cuáles son los mejores lugares para encontrar alimento.

También aprenden qué depredadores viven cerca y encuentran zonas seguras para escapar de sus enemigos naturales.

Los anfibios acuáticos suelen esconderse entre las plantas acuáticas cuando necesitan descansar. No obstante, los anfibios terrestres necesitan hogares seguros y húmedos. Algunos cavan entre las hojas del suelo del bosque o se esconden bajo troncos podridos. Otros se refugian en **madrigueras** u hogares subterráneos. Unos cuantos tipos de anfibios cavan sus propias madrigueras.

## Sobrevivir la sequía

Cuando no ha llovido en una región por mucho tiempo, se dice que hay **sequía**. A menudo los anfibios mueren durante la sequía, pero algunos se pueden adaptar a las condiciones secas. Su cuerpo produce capas mucosas que se endurecen y forman un caparazón protector, que atrapa la humedad dentro del cuerpo del anfibio hasta que vuelva a llover.

## Dormir todo el invierno

Algunos anfibios viven en zonas con inviernos fríos. Para evitar congelarse, muchos cavan en el fondo de las lagunas o encuentran escondites subterráneos entre las raíces de los árboles. Durante el invierno, duermen un tipo de sueño muy profundo llamado **hibernación**. En la primavera, se despiertan y salen del escondite.

*Esta salamandra Plethodon cylindraceus emerge de su madriguera. Muchas ranas y salamandras cavan madrigueras en el suelo para huir de los depredadores y refrescarse cuando hace calor.*

# Ranas y sapos

Las ranas adultas son las campeonas de salto del mundo anfibio. Tienen patas traseras largas y fuertes que les permiten dar saltos enormes y moverse en el agua. Las ranas nadan rápidamente dando patadas con las patas traseras. Las patas traseras de los sapos no son tan largas como las de las ranas, así que la mayoría de los sapos avanzan dando saltos cortos. Algunos caminan o corren.

*(arriba) Si una rana se sobresalta o se asusta, se va saltando rápidamente con ayuda de sus patas largas y fuertes. Esta rana común siente el peligro y salta a la laguna para estar segura.*

# Trepadoras y voladoras

Las ranas arbóreas pasan gran parte de la vida lejos del suelo. Sus dedos largos con **almohadillas pegajosas** les permiten trepar por los troncos de los árboles, colgarse de ramas delgadas y adherirse a la parte inferior de las hojas. Las ranas voladoras pueden dar grandes saltos, pero en realidad no vuelan. Los dedos de las patas tienen membranas extragrandes. Las ranas voladoras las usan para planear por el aire cuando saltan de un árbol a otro.

*Los ojos de las ranas **arbóreas**, es decir, las que viven en los árboles, pueden girar más que los de otras ranas y sapos. Este movimiento les permite ver directamente hacia delante y hacia abajo cuando están lejos del suelo.*

## ¿Qué son los sapos?

*Las ranas y los sapos pertenecen al mismo grupo de anfibios, pero no son iguales. Estas son algunas características importantes de los sapos:*

🐸 Tienen piel seca y rugosa

🐸 Sus patas traseras son cortas

🐸 Por lo general, caminan o dan saltos pequeños

*(derecha) Los sapos tienen hambre casi todo el tiempo. Después de quedar atrapada en la lengua pegajosa de este sapo terrestre, la araña tiene pocas esperanzas de escapar.*

# Salamandras

La mayoría de las salamandras adultas son terrestres y pasan el tiempo recorriendo el terreno. Muchas son **nocturnas**, lo que significa que están activas principalmente de noche. Así evitan que las vean muchos depredadores.

## A paso suave

Las patas traseras y delanteras de la salamandra terrestre están ubicadas lejos unas de otras. Cuando camina, este anfibio dobla el cuerpo de un lado a otro para que cada pata avance la mayor distancia posible. Este movimiento hace que el cuerpo de la salamandra se mueva como una "S".

*Algunas salamandras y tritones tienen el vientre de colores vivos para advertirles a los depredadores que son venenosos. Ante un ataque levantan la cabeza y la cola para mostrar el vientre. Este reflejo se llama* **postura defensiva.**

# La vida bajo el agua

Las sirenas, los *Necturus maculosus* y las anfiumas son salamandras acuáticas. Su cuerpo y modo de respirar son distintos de los de sus primas terrestres. Las sirenas tienen cuerpo largo y patas delanteras diminutas, pero no tienen patas traseras. Las sirenas y los *Necturus maculosus* respiran bajo el agua por medio de branquias que parecen plumas. Las anfiumas respiran a través de aberturas branquiales circulares que tienen a cada lado de la cabeza. Los anfibios acuáticos grandes, como las salamandras gigantes, absorben oxígeno a través de la piel suelta. Al tener pliegues en la piel, el área por la que respiran es mayor.

*El ciclo de vida de algunos tritones tiene una etapa adicional, llamada **tritón joven**. Este tritón rojo moteado vivirá en la tierra varios años antes de volver al agua convertido en adulto.*

*Las sirenas, como esta Pseudobranchus striatus, nadan moviendo el largo cuerpo como lo hacen las serpientes.*

# Cecilias

Los científicos tienen poca información sobre las cecilias porque la mayoría de estos anfibios viven bajo tierra. Incluso las que viven bajo el agua son difíciles de encontrar. Aunque tienen una piel húmeda y porosa, estos animales son bastante distintos de los demás anfibios.

## Sobre la tierra

La mayoría de las cecilias viven en los **trópicos**. Salen de la tierra sólo después de que haya llovido mucho y se haya inundado el terreno. Cuando viajan sobre la tierra, se **deslizan** de un lado a otro, al igual que las serpientes. En la superficie pueden encontrar insectos para comer, pero no pueden defenderse bien de los depredadores. Para ellas es mucho menos peligroso vivir bajo tierra.

## Su propio agujero

Las cecilias hacen **madrigueras** o cuevas excelentes. Cuando están bajo tierra, usan la cabeza dura y los músculos fuertes para empujarse a través del lodo y la tierra húmeda. Como no necesitan los ojos en la oscuridad subterránea, son casi ciegas. Dos **tentáculos sensoriales** les permiten ubicarse y saber dónde está la presa.

*Las cecilias terrestres dan a luz crías que parecen adultos pequeños. Las acuáticas ponen huevos y las larvas sufren la metamorfosis.*

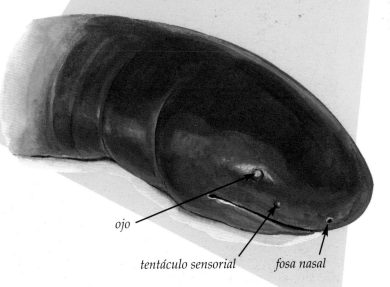

*Los científicos creen que las cecilias usan los tentáculos sensoriales para detectar el sabor y el aroma de su entorno.*

ojo

tentáculo sensorial

fosa nasal

# En busca de pareja

Muchos anfibios pasan gran parte de la vida solos. Sin embargo, cada primavera o verano los machos y hembras buscan compañeros para **reproducirse**, es decir, tener cría. Para encontrar a la pareja ideal, muchas especies se reúnen en grandes grupos en lagunas y otros lugares húmedos llamados **sitios de apareamiento**.

## ¡Ya sé adónde voy!

Los anfibios suelen elegir como sitio de apareamiento el mismo lugar donde nacieron. Incluso si está muy lejos de donde viven, vuelven allí por **instinto**, lo que significa que saben cómo llegar allí sin que nadie les haya enseñado.

*(abajo) Durante el cortejo, el tritón rojo moteado macho a menudo agarra a la hembra con las patas traseras.*

## ¡Mírenme!

Para encontrar pareja, los anfibios machos
exhiben sus talentos. Las salamandras
machos hacen **danzas de cortejo**. Mueven
el cuerpo de una manera especial para
demostrar a las hembras que son los mejores
compañeros de la zona. El macho puede
mover la cola o las patas para atraer la
atención de la hembra. Otros acarician la
cabeza de la hembra con su propia cabeza.

## Canta una canción

La mayoría de las ranas usan la voz
para atraer a las hembras o para
ahuyentar a otros machos. Para el
**llamado de apareamiento**, los machos
inflan bolsas de piel que tienen en la
garganta, llamadas **sacos vocales**, como
ves arriba. El aire que se mueve dentro
de los sacos hace croar o piar a la rana.
Los machos "cantan" sin abrir la boca.

*Las salamandras ponen los huevos debajo de las rocas o en troncos podridos. La madre se acuesta alrededor de la nidada para protegerla y mantenerla húmeda hasta que nazcan las crías.*

*Muchas ranas venenosas ponen huevos en la tierra. El macho espera hasta que nazcan las larvas y luego las lleva en el lomo mientras crecen y se convierten en renacuajos.*

# Cuidado de las crías

Los anfibios ponen huevos en lugares húmedos, como en el agua o debajo de troncos. Los huevos no tienen cáscara dura, sino capas de gelatina que protegen al embrión. Deben permanecer húmedos, o los embriones que están adentro morirán.

## ¿Cuántos huevos?

Algunos anfibios ponen huevos de uno en uno y los ocultan cuidadosamente de los depredadores. La mayoría, sin embargo, pone los huevos en grupos llamados nidadas. Las **nidadas** pequeñas contienen cerca de cinco huevos, pero otras tienen más de 10,000. Algunos anfibios ponen hasta 30,000 huevos.

## Padres y guardianes

Los anfibios que ponen grandes nidadas suelen abandonar los huevos después de ponerlos. Aunque los depredadores se pueden comer algunos, de muchos otros nacerán crías. Los anfibios que ponen sólo unos pocos huevos a la vez suelen quedarse junto a ellos para protegerlos de los depredadores.

*Algunos anfibios permanecen junto a las crías para enseñarles a sobrevivir.*
*Esta rana arbórea de ojos rojos le sirve de guía a esta **rana joven**.*

# Anfibios en desaparición

En años recientes, los científicos han observado que la cantidad de anfibios ha disminuido. Algunos se quedan sin hogar porque los seres humanos destruyen los **pantanos** o talan árboles en los **bosques tropicales**. Otros mueren cuando la contaminación, como la **lluvia ácida**, envenena el agua de su hábitat. Los anfibios también están muriendo en hábitats limpios y seguros, como los parques nacionales.

Un grupo de científicos llamado *Declining Amphibian Populations Task Force* **(Grupo de trabajo para el estudio de las poblaciones de anfibios en desaparición)** está estudiando el problema y tratando de descubrir maneras de salvar a los anfibios que quedan.

*La contaminación es un problema muy grave para los anfibios. En zonas contaminadas se han encontrado ranas y salamandras a las que les sobran o les faltan extremidades. Esta Ambystoma tigrinum tiene una pata de más.*

# Parte de un ambiente saludable

Los anfibios sobreviven sólo en agua limpia. Por lo tanto, una zona con anfibios es una zona sana. Dependemos del agua limpia para beber y cultivar las plantas. Si en una zona hay anfibios con extremidades adicionales o si no hay anfibios, quiere decir que el agua está contaminada y que el ambiente no es saludable para los seres vivos.

Los anfibios nos ayudan al comerse muchos insectos. Algunos insectos se comen las cosechas y otros pueden diseminar enfermedades entre las personas y los animales. Sin los anfibios, habría demasiados insectos que causan enfermedades y arruinan cosechas.

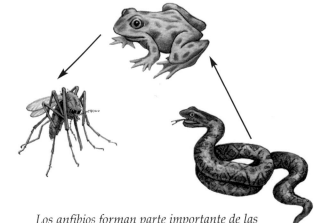

*Los anfibios forman parte importante de las **cadenas alimentarias**. El sapo de la imagen se comerá a la abeja y luego servirá de alimento para un animal más grande. Cuando un tipo de animal desaparece de la cadena alimentaria, al resto de los seres vivos de esa cadena también les costará sobrevivir.*

# Glosario

**Nota:** Es posible que las palabras en negrita que aparecen en el texto no figuren en el glosario.

**acuático** Palabra que describe a un ser vivo que vive en el agua o cerca de ella

**adaptarse** Sufrir un cambio para adecuarse a un nuevo entorno

**bosque tropical** Bosque que recibe más de 80 pulgadas (200 cm) de lluvia al año

**branquias** Órganos que los animales acuáticos usan para respirar oxígeno del agua

**cadena alimentaria** Modelo de comer y servir de alimento

**carnívoro** Animal que se come a otros animales

**depredador** Animal que caza y se come a otros animales

**hibernación** Sueño invernal durante el cual la respiración y la frecuencia cardíaca de un animal disminuyen y su temperatura corporal baja casi hasta el congelamiento

**hormona** Sustancia producida por un animal y que le ayuda a crecer

**inmune** Palabra que describe a un animal al que el veneno no le hace daño

**instinto** Conocimiento de cómo hacer algo sin tener que aprenderlo

**lluvia ácida** Lluvia con contaminación

**madriguera** Cueva subterránea que le sirve de hogar a un animal

**oxígeno** Gas que los animales deben respirar para sobrevivir

**pantano** Zona que tiene tierras inundadas

**papilas gustativas** Órganos diminutos de la lengua de los animales en los que se detecta el sabor de los objetos

**pulmones** Órganos que los animales usan para respirar oxígeno del aire

**renacuajo** Larva de la rana

**saco vocal** Bolsa grande de piel que las ranas llenan de aire para producir sonidos

**sangre fría** Expresión que describe a un animal cuya temperatura corporal cambia con la temperatura del entorno

**tentáculos sensoriales** Órganos de la cabeza de las cecilias donde están el sentido del gusto y del olfato

**terrestre** Palabra que describe a un ser que vive sobre la tierra

**tímpano** Membrana que cubre el oído externo de la rana

**tritón joven** Tercera etapa del ciclo de vida de algunos tritones, que tiene lugar en la tierra

**trópicos** Regiones de clima cálido y húmedo

# Índice